TRIBUTO AO CORAÇÃO

DE

DEUS

SÉRGIO RICARDO GOMES

2002

Texto revisado em Dezembro de 2014

Tributo ao Coração de Deus...

Editor: Sérgio Ricardo Gomes
Capa: Sérgio Ricardo Gomes
Acabamentos/ Revisão/ Programação: Sérgio Ricardo Gomes
Redatora: Roseli de Oliveira Pereira Gomes

Contato com o autor:
(e-mail): *professor.sergio.adm@gmail.com*

Publicado Por:
Escritormusico Produções
Caixa Postal 07 – CEP: 35.570-970
Formiga – MG / Brasil
Tel: (31) 9521-5539 ou (37) 9112-2194
Site: www.administrar-online.blogspot.com.br

G633t
Gomes, Sérgio Ricardo.
    Tributo ao Coração de Deus / Sérgio Ricardo Gomes. -   Formiga: O Autor, 2002
    80p; 21cm

    ISBN 85-901905-4-4

    1. Literatura brasileira – Aspectos Religiosos – Cristianismo. I. Título.

APRESENTAÇÃO

Tributo ao Coração de Deus é um livro composto por 50 poemas e 50 frases de reflexão.   Em todo o seu conteúdo é dedicado ao coração de Deus, com todo o texto refletindo sobre o mesmo tema.   Pode-se dizer que todas as poesias aqui contidas são de aspecto chamativo à meditação. As frases transmitem idéias que convidam   a parar e pensar um pouco sobre as coisas que temos e recebemos de Deus.

Ler e refletir é o que fica como convite.   Que seja proveitoso, portanto a sua meditação.

Tributo ao Coração de Deus...

SOBRE O AUTOR

Sergio Ricardo Gomes,

- Comendador – Melhor profissional do ano de 2014 – destaque em Administração – melhores do Brasil – Indicado pela Braslider.

- Bacharel em Ciências Gerenciais – Gestão de Empresas e Negócios (Bacharelado em Administração)- FacisaBH;

- MBA em Meio Ambiente e Organizações Empresariais e Sociais – Pela ESAB;

- Pós Graduado em Gestão Pública Municipal - pela UFSJ;

- Doutor e Membro "Honoris Causa", da Academia de Letras do Brasil;

- Membro Vitalício da Academia Formiguense de Letras;

- Membro Fundador da SFPC - Sociedade Formiguense de Psicanálise Clínica;

- Conciliador do Tribunal de Justiça de MG;
- Professor da Rede Estadual de Ensino de MG;
- Autor de vários livros, artigos e softwares, (todos publicados);

- Professor Tutor do Curso de Administração Pública da Ufla;

- Ex seminarista dos Padres do Sagrado Coração de Jesus;

MENSAGEM DO AUTOR AO LEITOR

Meu caro amigo, procurei colocar nesta obra alguns textos para que pudesse refletir um pouco. É claro que as maravilhas de Deus são muito mais ricas do que as palavras que aqui escrevo. Mas, com especial carinho, gostaria de oferecer a você algo que de melhor se pode dar: o Coração de Deus. Ele pertence a todos os que nele se buscam refugiar. Ele é nossa casa.

Se lhe for proveitoso ao menos uma simples palavra destas e esta mesma palavra lhe marcar o coração, ficarei profundamente feliz, pois alcançarei meu objetivo. Faça uma boa leitura e que o Coração de Deus pulse sempre e junto ao nosso, pela sua graça.

Um Forte abraço.

O Autor -

DEDICATÓRIA

À minha mãe, mulher humilde e prestativa; pessoa de coração aberto a   todos com   os quais convive diariamente.

À minha irmã, menina simples; bonita de coração.

A meu pai, em sua memória.

A todos os meus amigos e pessoas que contribuíram para realização deste trabalho.

A você amigo leitor, que Deus o abençoe sempre.

PARTE - 1

- POESIAS -

ATO DE LOUVOR AO

CORAÇÃO DE DEUS

Tributo ao Coração de Deus...

OBSERVAÇÕES:

Todas as poesias e frases de Reflexão nesta obra contidas foram criadas pelo mesmo autor: Sérgio Ricardo Gomes.

Expressam   em sua maioria o amor que Deus tem para com o homem quando doa seu coração para ser morada e sustento de todos e também   caminho para a glória eterna, ao lado do Pai.

Faz-se saber que está proibida qualquer tipo de reprodução, total ou parcial desta obra sem autorização por escrito do autor da obra. Direitos autorais pertencentes a: SÉRGIO RICARDO

GOMES; autor desta obra.

Esta obra encontra-se registrada em Cartório de Registro de Títulos e Documentos da cidade de Formiga-MG sob o número: Registro Protocolado: Livro "A3" – Nº 7.881; e Registro Livro "B20" – Nº 5.724, feito em 14 de Julho de 1999.

PRÓLOGO

Deus criou o mundo porque nos ama profundamente. Porém, o pecado entrou no mundo e começou a destruir a beleza das obras do pai. Deus, em sua infinita

misericórdia pensou um plano para resgatar a sua obra. Convidou uma simples mulher para cooperar com sua proposta. Ela aceitou.

Deus então, enviou seu filho amado que se fez homem como nós e morreu na cruz. Mesmo já estando morto seu coração foi transpassado pela lança do soldado. No mesmo instante jorrou sangue e água. Seu amor foi tanto que nos deu até a última gota de sangue que para nós se tornou vida eterna,   vida plena ao lado do Pai, em sua glória, por todo o sempre, porque Deus é grande e seu reino não tem fim. E porque seu coração é misericordioso.

INTRODUÇÃO

GERAL

AO CORAÇÃO TRASPASSADO

I

Oh Coração cujo o amor:
quis ser do mundo o senhor,
que pelo plano de Deus
feito homem este mundo salvou !

II

Coração transpassado,
coração rasgado.
Oh Cristo; oh Deus;
Que tão grande legado!

III

Naquela tarde tão triste,
água e sangue jorrou.
Seu coração transpassado,
das trevas nos libertou! !

IV

Oh Deus de paz; oh Deus de amor.
faça do nosso coração, a sua casa Senhor !

V

Por que chorar ? Por que não crer ?
o próprio filho de Deus
quis pelo   seu povo morrer !
Mas sua morte   não foi em vão,
ao terceiro dia nos veio a ressurreição !
Sua glória nos trouxe a luz,
agora moramos também,   neste amado
coração !
Somos de Cristo Jesus.

CONFIANÇA

I

Ao Pai nós queremos dar,
nosso amor como fonte a jorrar.
Nossa vida é prova de amor,
de um Deus que em nós quer morar !

II

Água viva é o que Ele promete.
O que basta é saber se doar.
Nada   do que nos concede   deixa de ser por amar!

III

Oh luz de Deus cintilante,
que no coração vem brilhar.
Caminho deste povo andante,
que contigo quer sempre contar !

IV

Oh graça;   Oh paz;
oh Deus salvador !
Ouça o clamor do seu povo.
Deste povo que é tão sofredor !

V

Auxilie-nos com vossa luz,
Guarde-nos   em Ti, oh Deus de amor !

UMA VIDA PRA VIVER

I

Vem e segue-me.
Nada tens a preocupar.
Deixe tudo e venha a mim,
vida eterna vou lhe dar!

II

Não precisa ter riqueza,
nem jamais saber falar.
Ao teu lado Eu estarei; é por ti que vou falar

III

Basta apenas ser fiel,
e seus dons saber mostrar.
Sair de si pelo meu reino,
e seus talentos multiplicar !

V

Uma vida pra viver,
um Coração   para amar.
A eternidade na glória de Deus,
com certeza tu terás.

TUA RESPOSTA É SIM

I

Em um belo dia
há muitos anos atrás,
um anjo de Deus a Maria:
veio do reino falar !

II

Tu és santa oh mulher,
o mundo   salvo será.
O teu seio sagrado,
o filho de Deus vai gerar !

III

Um plano grande e sagrado,
o criador usará.
O seu filho unigênito,
por todos nós morrerá!

IV

Tua resposta é sim.
Aventurada será.
A mãe de Deus é assim,
na glória com Deus ela está !

CONTIGO SEMPRE VIVER

I

Pai nosso que estais no céu
A tua graça eu quero ter.
O seu amor muito provar,
contigo sempre viver !

II

Sua humildade é grande exemplo,
para o homem justo ser.
Misericórdia, oh Deus, meu salvador,
sua justiça, me ensine a ter !

III

Eu vejo o sol,
eu vejo a chuva.
Fruto do amor de um Pai que ama.
Oh Deus , oh luz ;
eu sei que Tu me chamas !

IV

Santificai-nos e abençoai-nos,
para que possamos te ver.
Contigo oh Pai eterno,
Queremos sempre viver!

UM REINO, UMA CAUSA

I

Ao coração de Jesus
Minha vida eu quero dar.
Em cada dia que vier:
pelo seu reino trabalhar !

II

Um coração, uma vida.
Muita coisa pra mudar.
Ao coração de Jesus :
devemos nos assemelhar !

III

Um reino, uma causa.
Venha também transformar.
Seu coração junto ao meu ,
deve sempre pulsar !

IV

Uma vida pra viver.
Com os seus dons colaborar.
Oh Deus venha em nossa vida viver:
com vossa glória   nos salvar !

HINO À TRINDADE SANTA

I

Deus Pai o criador,
Jesus Cristo, o filho salvador.
Com o Espírito Santificador,
quis este mundo nos dar !

II

Mas com povo pecador,
que por ser destruidor,
quis o Senhor expulsar!

III

Mas com seu grande amor,
o nosso Pai criador
mandou o seu filho salvar !

IV

Agora felizes podemos,
com toda a força que temos,
a Deus eternamente louvar !

V

Glórias ao Pai criador !
Obrigado Oh Jesus redentor !
Glórias ao Deus de amor !

HINO À MISERICÓRDIA DE DEUS

I

Dia após dia,
tua graça vem nos dar
com o Espírito de Amor,
vem conosco caminhar!

II

Muita luz em nossa vida,
Muito brilho no olhar.
Sempre, sempre, estais com o povo,
sempre, sempre a nos amar !

III

Vejo as flores,   vejo os céus.
Vejo as águas, vejo o mar.
Assim também é tua luz,

Que de teu coração está sempre a irradiar !

IV

Quão grande oh Pai é tua misericórdia,
que do coração salta sempre a brilhar.
Quão felizes são teus passos,
tudo sempre por amar!

A DEUS DE GRANDE ENCANTO

I

Com a graça de Deus que é Pai,
haveremos de vencer.
Todo mal que a nós chegar,
a nós   jamais fará temer !

II

Os mandamentos do Senhor são retos.
A sua luz é incomparável !
Quão profundo é teu amor !
Oh senhor, Deus tão amável !

III

Vejo a luz do sol brilhar,
para todos sem discriminar.
Assim também é meu senhor,

que também nos pede para amar !

IV

Glória ao Pai e ao Espírito Santo.
A Jesus seu filho santo.
Oh Deus luz, de grande encanto,
fazei de nós um povo santo !

HINO A DEUS QUE SEMPRE ESCUTA

I

Deus ? ! Vamos conversar ?
Sei que estais a me escutar:
O que quero lhe falar .

II

Gostaria que os homens :
parassem de matar.
Por que é tão difícil
entender o que é amar?

III

Fazem   guerras, jogam bombas.
Só pensam em acabar.
Por que não dão as mãos
e vivam   a se ajudar ?

IV

Mas sei que Tu me escutas
e haverá   de encaminhar.
Muita graça pro seu povo:
para as guerras acabar!

NO INFINITO DE SUA GLÓRIA

I

Oh Deus !   quão amável é teu coração !
Cheio de amor e bondade.
Até o mais ímpio dos homens,
não deixa de crer   nesta verdade !

II

À vossa   imagem e semelhança,
Tu quisestes nos criar.
Com teu sopro de amor,
nossa vida veio dar.

III

Nossa alma   é uma parte:
de vosso espírito de amor.
Vossa glória é nossa vida,
pois sois nosso Senhor!

IV

No infinito de sua graça,
glória eterna vem nos dar !
É por isso oh Deus de amor,
que contigo quero estar.

PELO SIM DE UMA MULHER

I

Olhem   todos !
Venham   ver !
É Jesus
Que vai nascer !

II

Pelo sim de uma mulher
jovem   simples como nós.
Jesus Cristo se fez homem,
para dar-nos tua luz !

III

As estrelas anunciam:
com seu brilho e com louvor.
A chegada do menino,
que vai ser o salvador.

IV

Sou feliz !
Disse sua mãe...

As nações me louvarão.
Deus olhou pelo seu povo,
nos deu a ressurreição!

ÁGUA VIVA A   JORRAR

I

Água e sangue teu coração
perfurado por nós jorrou.
Tua cruz oh meu Senhor:
nossa vida resgatou !

II

Contemplamos tuas chagas.
Que por nós lhe foram abertas.
Oh Jesus, misericórdia!
Nos tenha em vossa glória !

III

Compartilhar de vossa graça
é o maior de todos os dons.
Água viva a jorrar,
vida   nova Por amor!

IV

Meu coração igual ao Dele
é o que mais desejo ter.
Oh Jesus eu acredito,
que conosco vem viver!

PARA DAR-NOS A ESPERANÇA

I

Quando vemos uma criança
nós lembramos do Senhor.
Que se fez tão pobre e simples
para dar-nos   a esperança.

II

Semelhante ao coração
de Jesus devemos ser.
Para o nosso irmão devemos ser.

III

Oh coração cujo o amor,
foi capaz de se entregar.
Oh meu Deus como eu te amo:
tua graça vem nos dar!

IV

Sou feliz porque tranqüilo
vivo sempre a respirar:
muita graça e toda paz
do coração de Deus,
Que pelo seu amor, está sempre a jorrar !

MARIA, A AVENTURADA

I

Maria sentiu-se feliz
Assim que o anjo lhe anunciou:
Tu és bem aventurada:
porque será a mãe do redentor !

II

Naquele instante ficou confusa.
Mas depois compreendeu.
Foi pelo teu silenciamento:
que Deus nos atendeu!

III

Dia bom foi do nascimento
de Jesus, o redentor.
Foi por ti, oh grande mãe
que Ele nos libertou !

IV

Dia-a-dia viu Jesus
crescer junto de ti.
Ensinou Ele a rezar,
ensinou a meditar:
os mistérios do Criador!

V

Mas depois veio a tristeza
ao ver a humilhação.
Todos os que Ele curou,
riram   na crucificação !

VI

Em teu coração transpassou:
uma espada de dois gumes.
Restava   apenas lembranças:
do dia da anunciação.

VII

Melhor ainda foi o dia

Da grande ressurreição.
Quem   estava morto reviveu,
ao ver a luz da salvação !

MARIA DE MIM

I

Maria corredentora
deste povo tão sofrido.
Vem depressa, vem com Cristo:
salvar este povo oprimido.

II

Oh amada, oh fiel !
Tu que deste mundo sois a mãe.
Com amor a Deus respondeu:
este sim de salvação !

III

Oh quem me dera eu ter graça:
de um dia ver de perto.
Esta mãe que intercede,
a Jesus o meu perdão.

IV

Quem me dera eu ser humilde
e ter paz no coração.
Ser amigo como ela,
e ter muita compaixão.

V

Oh senhora minha mãe,
 interceda a Deus por mim.
Sou um pobre pecador,
mas eu quero a salvação !

VI

Tens de mim o meu amor
e também   de ti o tenho.
Continue Oh mãe querida,
 a ser a mãe que tenho e amo !

VII

Falar eu não sei.

O que sei é te louvar.
O que importa é saber:
Que sempre vai me amar !

DEUS É A RAZÃO

I

Às vezes quando paro
muitas vezes me deparo
Com uma triste solidão
vinda do coração,
deste pobre sonhador !

II

É o por saber o que não quero.
E aprender o que não devo.
É por saber que nada tenho:
pra oferecer ao teu acervo !

III

Cristo, Oh Cristo !
 Por onde começo a andar ?
Se pego o caminho errado
nunca vou te encontrar,
mas o bom caminho:
eu não sei como acertar !

IV

Agora compreendo

o que há muito tempo todos,
todos vem   a procurar.
De alguém   que lhes indique,
de alguém   que acredite:
a razão por qual amar !

V

É que com teu auxílio
muitos destes pobres filhos
em você vem se apoiar.
O que encontram   é o grande sentido,
do por que este mestre
se dispõe a nos amar:
Ele é Deus   !

POR QUE DEUS É GRANDE

I

Todo dia eu vejo a luz
de sua glória   a brilhar.
É pela vida que   temos
a razão de acreditar !

II

Tua glória é esplêndida!
Teu amor   incomparável   !
Oh senhor Tu és bondoso !
Teu coração é tão amável !

III

Com Tua graça nós vencemos
a desgraça do pecado.
Do inferno escapamos,
porque sempre nos tem amado !

IV

Quão feliz é o coração
de todo homem   que acredita:
Tu és Deus, oh meu Senhor !
Tu nos dá a libertação!

PELA IMPORTÂNCIA DO AMOR

I

Ao coração de Jesus
com ardor vou cantar.
Sua glória divina
seu modo de si doar.

II

Antes o Senhor era o verbo
e o verbo se encarnou.
A importância da vida,
pela importância do amor !

III

Com seu plano divino
naquela cruz se entregou.
Seu coração transpassado:
água e sangue jorrou.

IV

Com toda força que temos
ao Senhor vamos dar:
glórias a Ti para sempre,
é o que queremos   cantar !

VIVA, OUÇA, VEJA, CANTE !

I

Viva !
Sinta a paz do Senhor.
Sua misericórdia tamanha:
por todos nós se entregou !

II

Ouça !
Pelo irmão vai falar.
Amem-se meus queridos:
vocês devem se doar !

III

Veja !
No meio de vós quero estar.
Como um coração de criança:
a simplicidade vou   enviar !

IV

Cante!
A salvação eu vou   dar.
Eternamente ao meu lado:
na minha glória estará:
quem ?
Você meu irmão.
Por saber como amar !
Naquele pobre a chorar!

UM CORAÇÃO SEMELHANTE

I

Oh Deus, quão maravilhoso é saber
que um dia contigo vou Ter,
a eterna alegria de dar
glórias por contigo morar.

II

Eterna graça celebrar,
louvores perpétuos cantar.
Glórias ao Deus de amor.
A felicidade vamos ganhar !

III

Harmonia, alegria,
graça e paz.
Assim é o pai para o filho.
Assim é Deus, o Senhor !

IV

Infinitos louvores cantamos.
Ao nosso Pai entregamos,
um coração que semelhante
ao de Deus
há de pulsar.

PAI

I

Pai !
Estamos aqui ! Faça de nós o que
quiseres.
Somos teus instrumentos.
Vós sois nosso Senhor!

II

Pai !
Ouvi o nosso clamor !
Veja o povo que sofre,
Vós sois nosso Senhor!

III

Pai!
Vossa palavra é o caminho,
para os que querem   andar.
Dá-nos o discernimento, oh Deus
Vós sois nosso Senhor!

IV

Pai!
Eternamente cantamos.
Louvores a Ti celebramos.
O vosso nome sagrado.
Que seja de vosso agrado,
nossa vida, oh senhor !

O TEU AMOR ME FAZ FELIZ

I

Pulsai junto ao meu
Oh coração de Deus.
Que vosso sangue de libertação
seja nossa ressurreição!

II

Ouvi a minha prece!
Ouvi o meu clamor !
Vinde em meu auxílio,
oh Deus, meu salvador!

III

Senhor! Veja!
Estou lhe oferecendo.
Receba o que de melhor tenho:
meu coração!

IV

Faça de mim oh Pai
instrumento de vosso agrado.
Que minha vida seja sal e luz,
para todos que estão desprezados!

V

Obrigado oh Deus, por tudo.
Agradeço por ser tão bom!...
Vosso espírito me santifica,
o teu amor me faz feliz.

ATÉ O FINAL DOS TEMPOS

I

Cristo ?!
Estais ai?
Estou lhe invocando:
ajudai-me!

II

Eu sei que estais comigo.
Fostes vós que me disseste:
toda vez que me chamar,
estarei a lhe escutar!

III

Até o final dos tempos:
prometestes caminhar.
Com este povo tão sofrido,
que a Ti quer tanto amar!

IV

Perdoai nossos pecados,
guardai-nos em teu amor.
Vinde em nosso coração morar,
oh Cristo, nosso Senhor!

V

Em vosso colo colocastes
vossos filhos que estão perdidos.
O nosso peso Tu carregas:
como é grande o vosso amor!

HINO AO CORAÇÃO DE DEUS QUE TANTO AMA

I

Oh coração amoroso,
cujo o sangue derramou.
Transpassado pela lança:
vosso amor nos demonstrou.

II

Neste dia as almas todas
dos fiéis que tanto amou:
para o céu contigo foram,
do pecado as libertou.

III

Vossos ombros carregaram
do teu povo o pecado.
Mas feliz, por nós doastes:
a vida eterna a teu lado.

IV

Vossa cruz é   nossa glória,
pois agora livres somos.
Vosso amor eternamente,
oh Senhor, vos adoramos!

GLÓRIA! VIVA DEUS ETERNAMENTE!

I

Glória!
Oh Deus, nós vos louvamos!
Maravilhados pelas obras,
de tuas mãos, nós cantamos.

II

Glória!
Viva Deus eternamente!
O coração de Jesus é a razão:
em nosso meio está presente !

III

Glória!
Deus é tão bom!
Ele sempre ama seus filhos:
Ele nos dá seu coração.

IV

Glória!
Deus é tão maravilhoso!
Olhem os céus: as aves cantam!
Veja a vida: de Deus é o nosso encanto.

V

Glória!
Deus sempre nos quer felizes!
Sua paz sempre nos dá,
seu amor nos recupera da morte do pecado,
eternamente viveremos, eternamente ao teu lado.

NOSSO CORAÇÃO É TEU

I

Cristo!
Quando ao mundo Tu vieste
O relento foi sua casa.
Mas porém no coração dos homens:
sempre esteve a habitar.

II

Cristo!
Olhe para mim!
Sou tão frágil   e pequeno,
e nem de Ti sei bem falar!

III

Cristo!
Me convidas a seguir-te.
Eu respondo eis-me aqui.
Mas também peço: me ajude!

IV

Cristo!
Meu coração é teu!
Faça dele a tua casa.
Apesar do meu pecado,
quero estar sempre ao teu lado!

DEUS É PAZ!

I

Oh Deus! Vós sempre caminhastes
com este povo tão sofrido.
Que de Ti quer aprender:
como amar como nos ama !

II

Oh Deus! Vossa glória nós cantamos,
a Trindade adoramos,
vossa graça que liberta,
contigo nós   ressuscitamos!

III

Oh Deus! Vós sois tão maravilhoso!
É impossível compreender
a razão de vossa paz,
dessa paz que invocamos.

IV

Oh Deus! Louvores eternos lhe entregamos,
como forma de amor.

E   apesar   de   sempre   o
ofendermos,
Oh Deus, nós vos amamos!

V

Glórias a Deus eternamente!
Deus é maravilhoso !
Deus é tão bom!
Deus é paz!

TODO DIA É DIA DO SENHOR

I

Hoje é dia do Senhor.
Todo dia é dia do Senhor.
Este é o dia que Ele fez para nós,
glórias eternas a Ti, meu Senhor.

II

Maravilhados pela vossa luz
todos nós vamos ficar.
No dia do juízo estaremos
confiantes, por acreditar.

III

Vosso coração emana luz,
vosso lado aberto exala paz,
vossas chagas nos conforta,
vossa glória nos liberta.

IV

Livres somos do inferno,
a vossa cruz nos libertou.
Vosso amor eterno e santo
meu pecado perdoou.

POR UM CORAÇÃO SANTO

I

Oh Deus!
Como é grande o vosso coração!
Cheio de amor e bondade.
Infinito em caridade.

II

Oh Deus!
Como é justo o vosso coração!
Sempre aberto a jorrar:
águas vivas e eternas,
dom de Deus, por nos amar!

III

Oh Deus!
Como é belo o vosso coração!
Sois nossa vida plena,
sois nossa habitação!

IV

Oh Deus!
Como é esplêndido vosso coração!
Sempre disposto a convidar:
todos aqueles que convosco querem:
fazer o coração   pedra transformar !

V

Um coração de carne,
santo; cheio de amor e paz.

SEU AMOR COMIGO ESTÁ

I

Deus, guardai-me em vosso amor,
deixai que eu me abrace a Vós,
quero morar em teu coração.

II

Deus, vossa luz é incomparável,
ilumina o universo inteiro.
Fonte de amor de teu coração.

III

Deus, vossos dons me presenteiam,
Vossa graça é o maior dom,
ela traz a libertação.

IV

Deus, vosso amor é infinito,
seus prodígios tão perfeitos,
nossa vida é vossa alegria.

V

Deus, tudo é vós.
Por mais longe que eu possa estar:
seu amor comigo está!

GLÓRIA A DEUS POR NOS AMAR

I

Deus!?
Vamos pensar!
Eu quero te servir,
onde queres que eu vá?

II

Deus!?
Muita gente desconhece,
muitas coisas que disseste,
mas eu vou até o povo,
eu vou de Ti falar!

III

Deus!?
Veja esse povo faminto:
dê o pão a esse povo,
dê luz ao coração.

IV

Deus!?
Sei que o dia há de chegar,
onde todos vão cantar:
glória a Deus nos altos céus,
glória a Deus por nos amar!

GUARDAI-NOS EM VOSSO AMOR

I

Senhor tende piedade de mim.
Sou tão frágil e pecador,
sem Ti eu não sou nada:
Vós sois meu salvador!

II

Veja Senhor: qualquer coisa me machuca.
Meu remédio é vossa graça,
vosso amor é que me cura.

III

Senhor: guarde-me em teu coração.
Fazei que eu viva em Ti,
dai-me a salvação.

IV

Senhor: que eu me assemelhe a Ti,
para que como sabes amar,
se a Ti   imitar,
também eu, um dia,
contigo eternamente, possa estar!

V

Senhor:
Guardai-nos em vosso amor,
- eternamente!

COMO É GRANDE O VOSSO AMOR

I

Oh coração divino,
vossa pulsação é maravilhosa.
Dela jorra água viva,
água que nos dá a glória.

II

Oh coração divino,
a chaga que a lança fez
transformou-se em santa casa
onde os pobres vem morar.

III

Oh coração divino,
grande luz de Ti exala.
Os meus olhos se ofuscam,
mas meu coração recebe a graça !
IV
Oh coração divino,
o vosso amor é tão profundo!
O sangue que de Ti sai:
nos traz libertação!
V

Como é grande o vosso amor.

COMO É BOM VIVER EM TI

I

Deus !?
Teu coração está doando,
Águas eternas me alimentando
a Ti me convidando!

II

Pai!?
Como é bom viver em Ti!
Ação de graças vou cantar,
anjos e santos   cantem ao Pai:
 - eternamente vai nos amar!

III

Deus!?
De nós sempre lembrais.
Destes seu filho predileto
como prova de amor:
destes o filho, o redentor!

IV

Deus!?
Apesar de nossas faltas
continue a perdoar.
Teu caminho queremos todos:
vamos por ele a Ti chegar!

MEU CORAÇÃO: CASA DE DEUS!

I

Misericórdia, oh Deus,
misericórdia.
Não olheis as nossas faltas.
Em vosso amor que é tão
profundo:
continue a nos guardar.

II

Não deixai que nos percamos
nos caminhos do pecado.
Mostrai a este povo:
vosso coração tão sagrado.

III

Olhai a nossa fé
e também a caridade.
No livro da vida está escrito:
de nós contém toda verdade.

IV

Oh Deus incomparável!
Em vossa glória eu quero estar.
Guardai-me   em vosso amor.
A Ti hei de entregar:
meu coração, que se dedica:
a ser vossa morada,   para em mim
poder morar!

HINO DE LOUVOR A DEUS PELAS SUAS OBRAS QUE SÃO BELAS.

I

Pai?!
Como vos amo!
Vós sois a razão de tudo,
vós sois minha vida, meu mundo.

II

Pai?!
Como são belas as vossas obras!
A natureza toda agradece:
a Ti, que cuida de tudo,
que por Ti cresce e engrandece.

III

Pai?!
Criastes tudo por amor.
Nos destes como presente.
Louvamos sempre seu nome,
que de nós jamais se esquece.

IV

Pai?!
Para santificar vossa obra,
nos destes vosso espírito de amor.
E para salvar-nos da morte e pecado, nos destes seu filho, o redentor!

HINO DE LOUVOR A DEUS QUE NOS DEU SEU FILHO PREDILETO

I

Oh coração caridoso,
O vosso lado aberto me abriga.
Morada eterna se faz aos povos,
para viver em Ti, Tu nos convida.

II

Oh coração misericordioso,
a   vossa luz é incomparável.
Ilumina o caminho dos que a Vós
recorrem,
converte o coração à vossa graça,
amável.

III

Oh coração perfurado pela lança,
ao que praticou, Tu curaste.
Água   e sangue, vida eterna,
para o mundo Tu jorraste.

IV

Oh coração maravilhoso,
por tanto amor se entregaste.
Fazei de nós, os vossos servos,
os   mensageiros,   para   dizer   ao
mundo,
que a todos nós, resgatastes.

POR AMOR NOS DAIS A VOSSA GLÓRIA

I

Oh Cristo filho de Deus vivo
vossa glória podemos ver.
Nossa alma não morre mais,
eternamente podemos contigo
viver.

II

Oh Cristo por amor feito homem,
Libertação   veio nos trazer.
Pela sombra   do Espírito Santo:
veio em nosso meio viver.

III

Oh cristo, unigênito do Pai,
prediletos nos fizestes ser.
Em vossa cruz nos libertastes,
a vossa glória podemos ter.

IV

Oh Cristo filho amado do Pai,
seu corpo santo por nós entregou.
Vosso coração   imaculado:
das trevas da morte nos resgatou!

VOSSO CORAÇÃO É INFINITO

I

Ah; coração !
Como sois grande!
Todo aquele que lhe buscar:
dispusestes a ajudar!

II

Ah; coração!
Como sois bom!
Vossa chaga é minha casa,
vosso amor é o maior dom!

III

Ah; coração!
Vós sois maravilhoso!
Cheio de graça e paz.
Sois tão misericordioso.

IV

Ah; coração!
Como sois belo!
Vossa luz me ilumina,
vosso amor é tão fraterno!

V

Eu vos amo, coração de Deus:
sois meu refúgio!

CARREGAI-ME EM VOSSO COLO

I

Meu Deus, meu Deus,
como Vós eu quero ser.
Meu coração igual ao vosso:
é o que mais quero ter!

II

Meu Deus, meu Deus;
Mostrai-me os vossos caminhos.
Iluminai meus pequenos passos.
Não quero ficar sozinho.

III

Meu Deus, meu Deus;
não deixai   que eu me desvie.
Carregai-me   em vosso colo,
que aos vossos braços eu
caminhe.

IV

Meu Deus, meu Deus;
meu refúgio é viver em Ti.
Sem sua graça eu nem seria...
Mas com ela por Ti eu vivo:
Sou teu! Faça de mim o que
quiseres

TRIBUTO AO CORAÇÃO DE DEUS

I

Adoremos todos o coração,
cujo o amor por nós é tanto,
que na cruz se faz oferta,
que da morte nos liberta!

II

Amemos pois o coração,
que tão humano o sangue derrama.
A chaga feita é nossa casa:
dom de Deus que tanto ama!

III

Cantemos glórias ao Pai dos céus
que por seu filho nos resgatou.
Do inferno e da morte não
tememos nada
Cristo é nosso baluarte!

IV

Louvores eternos subam a Deus,
que é Pai e Filho,
E ao Espírito de amor.
por vossa bondade nos dais a
vida,
pela misericórdia nos dais
morada,
em vosso coração vivemos todos,
viver em Ti é o que mais agrada!

ALEGRIA EM DEUS

I

Temos um coração divino
Que por amor humanizado se fez.
É o coração de Cristo nosso irmão
Que pela luz de Deus isto se fez.

II

Nós devemos todos alegrar,
O dom maior que é nosso viver.
O próprio Cristo veio nos salvar
a sua glória eterna nos trazer.

III

Pai, meu Pai do céu ...
Como são belos os vossos desígnios!
Apenas pensa e logo existe.
Porém nos dais a liberdade.

IV

A vossa graça é infinita.
Seu coração é tão bondoso!
Vossa alegria é vossa vida:
como sois tão caridoso!

MOSTRAI-ME A VOSSA COMPAIXÃO

I

Meu Deus, meu Deus!
Tu sabes que eu te amo!
Fazei de mim o vosso servo,
que eu leve o amor, que eu lhe
proclame.

II

Meu Deus, meu Deus!
Tu sabes que eu te adoro!
Não olheis os meus pecados,
perdoai-me, eu vos imploro!

III

Meu Deus, meu Deus!
Tu sabes que eu te busco.
O que mais quero é Ter-te em
mim
isto é o que eu procuro.

IV

Deus, meu Deus!
Guardai-me em vosso coração!
Mostrai-me a luz de vossa graça,
mostrai-me   a vossa compaixão!

HABITAÇÃO E SUSTENTO:
O CORAÇÃO DE DEUS

I

Senhor, meu coração é teu.
Venha nele morar.
O meu viver a Ti entrego:
venha comigo caminhar.

II

Senhor, envia-me.
Quero ser teu mensageiro.
Fazei de mim teu instrumento.
Que todos venham a Ti, meu Pai.

III

Senhor, dai-me também teu
coração.
Nele eu habito e me sustento.
Sois minha libertação.

IV

Senhor, dai também aos filhos
todos:
vossa luz ao mundo inteiro.
Água viva, fonte eterna,
toda graça, teu coração!

COM O CORAÇÃO DE DEUS PULSAR

I

Que o coração de Deus
com o nosso possa estar.
Que o nosso sempre esteja:
Com o coração de   Deus pulsar.

II

Mas como somos frágeis,
não conseguimos ter tal dom.
Fazei de nós, então, Senhor:
levar ao mundo o que é bom.

III

O que é bom?
Teu coração !
Ah, Deus!...
Como sois bom!

IV

Nos presenteie portanto oh Pai,
Que tudo em nós lhe seja agrado.
Queremos ser   os mensageiros
Que leva a paz de um Pai amado!

GUARDAI-NOS EM TEU CORAÇÃO.

I

Meu amado Deus,
santo é o seu nome,
eternamente.
Guardai-nos em teu coração.
Dai-nos vossa luz!

II

Meu amado Deus,
Quão amável é teu coração!
Dele nos vem a glória,
dele nos vem teu perdão!

III

Meu amado Deus:
tua palavra é nosso caminho.
Mostrai-nos como vivê-la:
não me deixai sozinho.

IV

Meu amado Deus
tão bela é vossa face.
Dai-me   a graça um dia:
de contemplá-la eternamente!

A FELICIDADE É TER-TE POR MEU PAI

I

Deus, nos conceda teus dons.
Sem Ti nada podemos ser.
Que a nossa vida se torne graça:
para que todos possamos em Ti
viver!

II

Deus, tuas maravilhas são
esplêndidas!
Tudo que é teu é tudo graça.
A felicidade é ter-te por meu Pai,
vosso coração é minha casa.

III

Que a vossa palavra se torne em
mim
o motivo de toda a razão:
sal e luz queremos ser também,
força ativa para nosso irmão.

IV

Dai-nos virtudes para assim fazer
de nossa vida uma união.
Falai em nós, oh Deus de amor,
Dai-nos teu coração!

GUARDAI-NOS EM TI, ETERNAMENTE

I

Como sois belo oh Deus!
Eu vos amo profundamente.
Vós sois meu ser, minha vida.
Sois meu Pai eternamente.

II

Como é belo teu coração!
Cheio de amor e bondade.
Ninguém pode negar jamais,
esta profunda verdade.

III

Deus, eu vos entrego:
louvores plenos, ação de graças.
Pela vossa paz nós viveremos,
vós sois tudo o que de melhor temos.

IV

A Ti oh Pai que sois tão bom,
ao vosso filho e ao Santo Espírito:
nós entregamos os nossos dons,
a nossa vida e o coração.

V

Guardai-nos em Ti, eternamente!

TUA CRUZ É NOSSA ROCHA

I

Meu Deus, meu Deus
vós sois meu tudo.
Dai-me   a vossa glória,
mostrai teu coração aberto.

II

O vosso lado aberto
nos traz ressurreição
pelo vosso sacrifício
obtemos o perdão!

III

A vossa cruz sagrada
é a rocha de todo cristão.
O sangue derramado
é a libertação!

IV

Das trevas nós não somos mais:
Deus é nossa luz.
Pelo amor do Pai ressuscitamos,
pelo sacrifício de Jesus.

PARTE – 2 –

FRASES CÉLEBRES

PARA REFLEXÃO

OBSERVAÇÕES :

Todas as frases foram criadas pelo mesmo autor desta obra ou seja, Sérgio Ricardo Gomes. Em todas as frase ele usa assiná-las abaixo colocando seu pseudônimo: "O Filósofo".

São frases criadas em vários momentos de sua vida e expressam uma certa linha de seu pensamento, que de modo especial se destaca o desejo de paz e felicidade que o mesmo autor deseja para todos.

- o Filósofo -

"O amor é uma das características daqueles que reconhecem suas limitações"...

"Os homens querem   o melhor para si, porém causam freqüentemente o mal"...

"A   substituição   de   pessoas   traz   descanso   ao substituído, mas não traz alegria ao seu coração"...

"As vezes, olha-se o que se pode fazer pelo outro,   o pior é que nem sempre se coloca na prática"...

"Devo ser amigo para que sejas também amigo"...

"Ninguém vê, mas a luz passa   como que uma graça para todos"...

"O pecado é a conseqüência da descrença"...

"Não existe sabedoria sem o conhecimento"...

"Dar a vida por aquele que te pede é garantir uma entrada para a glória"...
"O trabalho é a dignificação do espírito"...

"A existência do homem é conseqüência do amor de Deus"...

"O coração até pode ser machucado, mas a alma ninguém rompe"...

"As   árvores dão a sombra que abriga os pássaros; os
pássaros por sua vez,   retribuem, dando sua confiança
a estas árvores, com seus ninhos e seus cantos"...
A alma   é um sopro do amor de Deus"...

"A felicidade começa agora, buscá-la é mais que uma
obrigação, é nossa vida"...

"O Brilho dos olhos refletem aquilo que se apresenta
no espírito"...

"Todas as coisas caminham para um fim: a unidade"...

"A mediocridade é fruto daquele que odeia o que é bom"...

"União é aquilo que se busca quando o amor é maior"...

"A maravilha interior é o que se deve refletir,   isso é o que purifica o ser humano"...

"O Homem é um dom do amor de Deus"...

"O potencial é o final de   cada termo,   é nossa obra diária"...

"Tudo pertence ao homem, porém o homem a nada pertence, somente a Deus"...

"O sentido da amizade é a sinceridade em se colocar tudo em comum"...

"É dos ignorantes que se pode esperar a grandeza de coração, pelas suas obras"...

"O cantar da alma é a música que vem de um coração sincero"...

"A meditação traz o repouso que os homens necessitam"...

"Reconhecer um talento é dar chance a quem busca a vida"...

"Agradecer é bom, significa que compreendeu sua própria história, o porque de sua existência"...

"A esperança   gera o amor   e o amor traz o perdão, o perdão traz a paz"...

"Pensar é fácil, construir-se é melhor"...

"Deus leva os justos para si, mas não deixa seus filhos sem alguém, Ele mesmo os cuida"...

"A chuva é uma dádiva   que não escolhe a quem cair"...

"O ar que respiramos é uma prova do amor de Deus"...

"O amor conhece o que é verdade"...

"O simples de coração usa de caridade para com o necessitado, mesmo em perigo"...

"As estrelas brilham   com um raio cintilante,   vinda um dia pelo amor de um   Pai criador: Deus"...

"As circunstâncias da vida não afetam o amor contido entre os verdadeiros amigos"...

"A esperança às vezes parece ser algo vago e abstrato,
porém, nada vale mais que um homem que crê e
espera confiante naquele que lhe proporciona forças
para suportar o peso de uma tristeza"...

"Que a sociedade seja construída sobre os ideais   mais
sagrados do homem,   que a paz seja de igual para
igual"...

"Nada vale tanto quanto um bom amigo"...

"A esperança vai começar ... o caos acabara"...
"A vida da pessoa humana   vale muito mais que
certos adjetivos que por si só tentam   explicar o valor
de um homem"...

"A felicidade é um dom que poucos compreendem"...

"A verdadeira alegria é estar de coração integro e feliz, em lugar onde seja fornecida   a harmonia de uma graça espiritual"...

"O difícil é compreender a razão dos nossos porquês"...

"O Coração de Deus é o refúgio de todos aqueles que se encontram perdidos pelo caminho, é a casa de todos os homens"...

"A maior dádiva é abrir seu coração e perceber que a maior alegria é amar a Deus na pessoa do seu irmão, seja ele como for"...

"Nossa alma é um presente de Deus, podemos assim voltar ao Pai"...

"Queres ser feliz ? É simples. Basta apenas que una a tua vontade à minha!" – Diz   Jesus -

Que toda palavra aqui contida lhe seja algo de meditação e que lhe marque, no mais íntimo e profundo de seu coração.

- Fim -